رَكِبَ الْجَميعُ السَّيّارَةَ بِسُرْعَةٍ
هَرَباً مِنَ الْمَطَرِ. قادَ الْحِمارُ
السَّيّارَةَ وَعادَ بِالْأَصْدِقاءِ
جَميعاً إِلى الْمَزْرَعَةِ.

تقدم الخطة التالية إرشادات لدرس القراءة الموجهة. يجب إعطاء التلاميذ بعض الوقت للتفكير في الإجابة على الأسئلة مع التركيز على تشجيعهم عند محاولة الإجابة. لتقييم القراءة الفردية للتلاميذ يجب على المعلم الرجوع إلى استراتيجيات التحقق المذكورة في خطة الدرس حيث أن هذه الاستراتيجيات تساعد على تقديم ملاحظات فعالة لطرق القراءة المبكرة كما أنها تساعد على إعداد قراء متحمسين ومتشوقين للقراءة.

## تقديم الكتاب

١ التمهيد لموضوع الكتاب:

يمكن للمدرس أن يستعين بدليل المعلم للحصول على المزيد من التفاصيل عن طريقة تمهيد هذا الكتاب للتلاميذ، أو يكتفي بهذه الخطة فقط. يوجه المعلم الكتاب إلى نظر التلاميذ ثم يقرأ العنوان جهراً مشيراً إلى كل كلمة بإصبعه أثناء القراءة مع سرعة تمرير الإصبع عند ربط الكلمات وإسقاط لفظ همزة الوصل.

٢ يقدم المعلم الكتاب ويسمح للتلاميذ بالتحدث بالتفصيل عن توقعاتهم لأحداث القصة:

صفحة ٢-٣: "يبدو أن الحيوانات تتحادث مع بعضها البعض وتتهيّأ لتنظيم شيء ما معاً. ماذا سيكون يا ترى؟ هيّا نقرأ لنكتشف."

صفحة ٨: "تشير البطة إلى شجرة كبيرة، ماذا تقترح على باقي الحيوانات؟ ماذا تظنون؟"

صفحة ١٢: "آه... لا! بدأت السماء تمطر. ماذا ستفعل الحيوانات برأيكم؟ هل ستعود جميعاً إلى البيت كما جاءت؟" يتلقى المعلم الإجابات ولكن يترك اكتشاف نهاية القصة للتلاميذ في وقت القراءة المستقلة.

٣ التهيؤ للمفردات والتراكيب المتوقعة:

تحتوي هذه القصة على حرف الجر 'بـ' لوصف طريقة ذهاب الحيوانات إلى الحلقة. يعود المعلم إلى صفحة ٤ و٥ ويهيّئ التلاميذ لتحديد 'الـ' في كل كلمة بعد حرف الجر 'بـ'، ويوضح لهم كيفية ربط الباء باللام مع تمرير إصبعه بانسيابية عبر هذه الحروف. ثم يطلب منهم النظر إلى الحرف الأول من الكلمة بعد 'الـ': بِالقطار، بِالحافلة، بِالقارب.

هذا يؤثر على القراءة الشفهية ويجب تهيئة التلاميذ للقراءة بطريقة صحيحة أثناء تقديم الكتاب.

ينبه المعلم التلاميذ بأن الصورة تطابق النص وتدعم الفهم على ما هي وسائل النقل المختلفة التي استعملها الحيوانات.

## استراتيجية التحقق

٤ استراتيجية التحقق من استحضار المعاني والتراكيب الموجودة في النص عند التهجية:

"إذا لم تعط قراءتكم معنى مفيدا، ماذا تفعلون؟ بإمكانكم العودة إلى بداية الصّفحة والقراءة مجدّداً. عند قراءة الجملة استوعبوا المعاني والتراكيب الموجودة حتى تستطيعوا أن تستعينوا بها عند الوصول إلى الكلمة التي تصعب عليكم حتى تتضح لكم الكلمة ومعناها عند التهجية."

٥ استراتيجية التحقق من استخدام المعلومات البصرية بفاعلية:

"إذا واجهتكم مشكلة عند القراءة، انظروا إلى الكلمة بتركيز لتروا إن كنتم تجدون فيها ما يساعدكم – الكلمات لها أوزان قد تساعدنا. تأكّدوا أيضا من حركات الحروف وذلك لنطق الكلمة بطريقة صحيحة."

فَجْأَةً، مَلَأَتِ الْغُيومُ السَّماءَ وَبَدَأَ الْمَطَرُ يَهْطِلُ بِغَزارَةٍ.

قالَ الْحِمارُ: نَعَمْ هَيّا نَجْلِسُ تَحْتَ الشَّجَرَةِ
وَنَأْكُلُ التُّفّاحَ وَالْفَراوِلَةَ وَالْمَوْزَ وَالْعِنَبَ.

تَجَمَّعَ الْأَصْدِقاءُ في الْحَقْلِ.

قالَتِ الْبَطَّةُ: اُنْظُروا! هُناكَ شَجَرَةٌ جَميلَةٌ.

ما رَأْيُكُمْ أَنْ نَجْلِسَ تَحْتَها؟

ذَهَبَ الْحِمارُ إِلى الْحَقْلِ بِالسَّيّارَةِ.

وَذَهَبَتِ الْبَطَّةُ إِلى الْحَقْلِ بِالطّائِرَةِ.

وَذَهَبَتِ الدَّجاجَةُ إِلى الْحَقْلِ بِالدَّرّاجَةِ.

ذَهَبَ الْخَروفُ إِلى الْحَقْلِ بِالْحافِلَةِ.

وَذَهَبَتِ الْقِطَّةُ إِلى الْحَقْلِ بِالْقِطارِ.

وَذَهَبَتِ الْبَقَرَةُ إِلى الْحَقْلِ بِالْقارِبِ.

فِي يَوْمٍ مِنَ الْأَيَّامِ قَرَّرَ الْخروفُ وَالْحِمارُ
وَالْبَطَّةُ وَالْقِطَّةُ وَالْبقَرَةُ وَالدَّجاجَةُ
الذَّهابَ في نُزْهَةٍ إِلى الْحَقْلِ.

# نُزْهَةُ الْأَصْدِقاءِ